ESPAÑOL ¡EN VIVO!

INSTRUCTIONAL SPANISH WORKBOOK
FOR GRADES 4-8

LEVEL 1

SARAH ROWAN

*Join our email list to hear about
special promotions and new publications!*

info@envivopublications.com
www.EnVivoPublications.com
360-383-7002

Español En Vivo Instructional Workbook Level 1 for Grades 4-8

Credits:
Author: Sarah Rowan
Cover Illustration: Mary Frances Brown
Maps: Jeremy Davies

¡Bienvenidos!

About the Author

Sarah Rowan is currently the director and lead instructor at Salud Spanish Programs in Bellingham, WA.

Sarah has taught in many different settings, ranging from the school classroom to programs offered at her own Spanish language school. Besides teaching, she has been creating curriculum for children and adults for over 26 years.

Sarah received her M.A. in Spanish Literature at the University of Louisville, and has lived and traveled in Latin America and Spain.

About Español ¡En Vivo! Instructional Workbook Level 1

Español ¡En Vivo! Level 1 is the first workbook in the En Vivo instructional workbook series, offering a simple and realistic approach to learning the Spanish language while encompassing interesting cultural elements to which students can relate.

There are 5 units, and within each unit, there are 6 progressive lessons with dynamic spoken and written activities, allowing the students to practice in a fun and meaningful way. At the end of each unit, there is a review and a geographical and cultural highlight, ultimately covering all the Spanish-speaking regions of the world.

Enjoy **ESPAÑOL EN VIVO Level 1**!

Sarah Rowan
En Vivo Publications
www.EnVivoPublications.com
360-383-7002

Supplemental Digital Teacher Bundle is available at:

EnVivoPublications.com

¿Dónde se habla español?

Where is Spanish spoken?

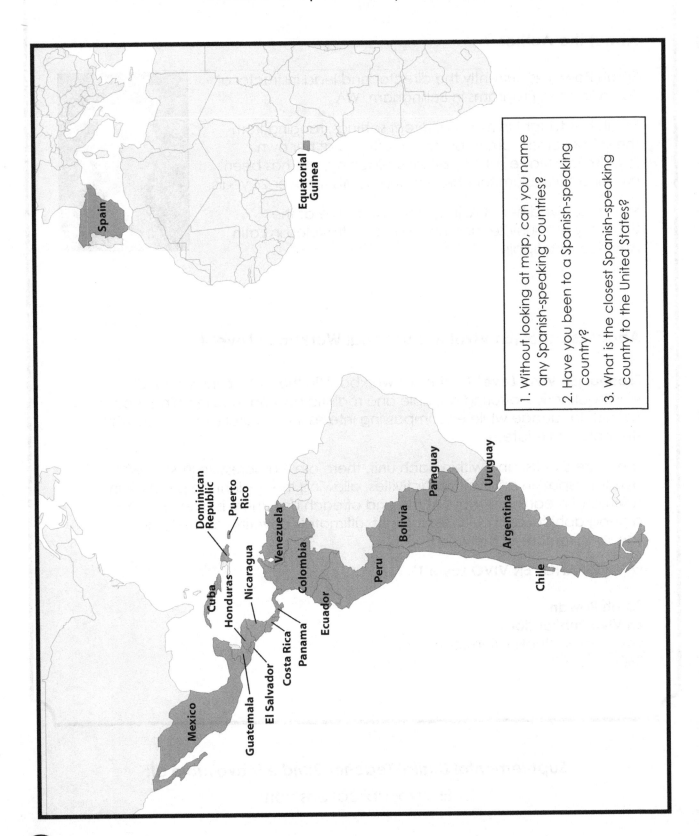

1. Without looking at map, can you name any Spanish-speaking countries?

2. Have you been to a Spanish-speaking country?

3. What is the closest Spanish-speaking country to the United States?

Spain

Equatorial Guinea

Dominican Republic
Puerto Rico
Cuba
Honduras
Nicaragua
Venezuela
Colombia
Guatemala
El Salvador
Costa Rica
Panama
Ecuador
Peru
Bolivia
Paraguay
Uruguay
Argentina
Chile
Mexico

Índice / Table of Contents

PRONUNCIATION KEY

You'll learn the alphabet later, but this pronunciation key will help you start saying words correctly in Spanish. Try it out!

Letter	English sound		Examples
a	ah	f**a**ther	**mano** (hand), **cabeza** (head)
e	eh	m**e**t	**pez** (fish), **pelo** (hair)
i	ee	m**ee**t	**libro** (book), **gallina** (chicken)
o	oh	**o**pen	**oso** (bear), **mono** (monkey)
u	oo	sp**oo**n	**nublado** (cloudy), **azul** (blue)
h	--	*h is silent*	**helado** (ice cream), **hoja** (leaf)
j	h	**h**ot	**ajo** (garlic), **jamón** (ham)
ll	y	torti**ll**a	**silla** (chair), **estrella** (star)
ñ	ny	ca**ny**on	**España** (Spain), **araña** (spider)
rr	rr	*rr is "rolled"*	**perro** (dog), **gorra** (hat)
v	b	**b**at	**uva** (grape), **volcán** (volcano)
z*	ss	**s**at	**zanahoria** (carrot), **luz** (light)

* The "z" in Latin America sounds like an "s" while in Spain, it's pronounced with a "th" sound. This goes for "ci" and "ce" combinations, as well.

UNIDAD 1
Conversaciones

Conversations

❖ **Lección 1: Saludos** (Greetings)

¡Hola! Me llamo Steve. ¿Cómo te llamas?

Me llamo Karen. Mucho gusto.

Mucho gusto. ¿Cómo estás?

Bien, ¿y tú?

Muy bien, gracias. ¡Hasta luego!

¡Adiós! ¡Chao!

Hola.	Hello.
¿Cómo te llamas?	What is your name?
Me llamo...	My name is...
Mucho gusto.	Nice to meet you.
¿Cómo estás?	How are you?
(Muy) bien.	(Very) well.
Regular.	So-so.
Mal.	Bad.
¿Y tú?	And you?
Hasta luego.	See you later.
Adiós. / Chao.	Goodbye.

PRACTICAR

1. Practice dialogue on the previous page with a partner. Change roles and repeat.

2. Now, practice the same dialogue with a different partner using your own name, and how you are doing right now.

3. a. First, cover the right column above with your hand so only the Spanish phrases are revealed. As your teacher calls out each of the phrases in Spanish, point to them. Do you know what they mean without looking?

   b. Now, cover the left column with your hand, revealing only the English phrases. As your teacher again calls out the Spanish phrases, point to the matching English phrases.

ESCRIBIR

A. Copy the following words and phrases while saying them out loud.

1. Hola. _____

2. ¿Cómo te llamas? _____

3. Me llamo... _____

4. Mucho gusto. _____

5. ¿Cómo estás? _____

6. Bien, gracias. _____

7. Regular. _____

8. Mal. _____

9. ¿Y tú? _____

10. Hasta luego. _____

11. Chao. _____

12. Adiós. _____

B. Draw a series of stick figures having a conversation with the above phrases placed in speech bubbles.

❖ Lección 2: La Escuela *(School)*

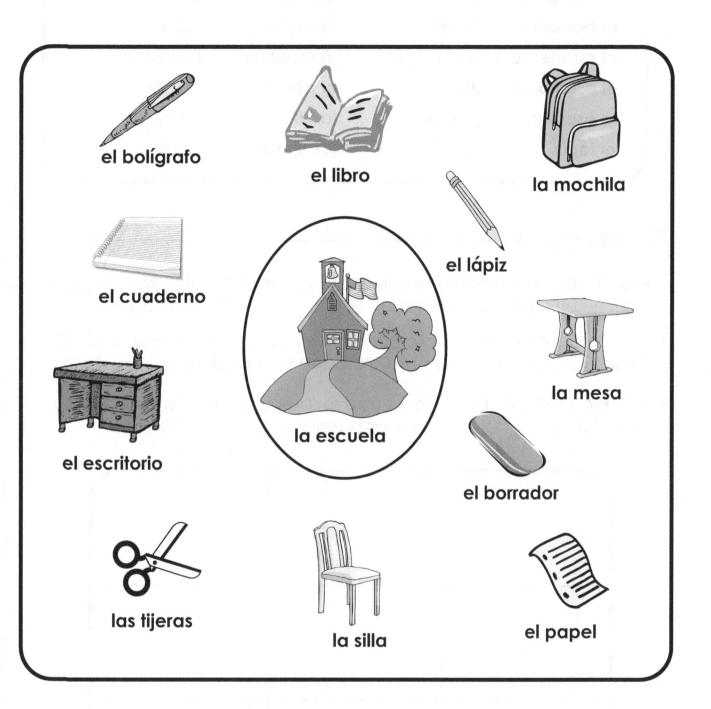

el bolígrafo

el libro

la mochila

el lápiz

el cuaderno

la escuela

la mesa

el escritorio

el borrador

las tijeras

la silla

el papel

¿Qué es esto?

What is this?

el bolígrafo	pen	**el libro**	book
el borrador	eraser	**la mesa**	table
el cuaderno	notebook	**la mochila**	backpack
el escritorio	desk	**el papel**	paper
la escuela	school	**la silla**	chair
el lápiz	pencil	**las tijeras**	scissors

 ## PRACTICAR

1. Point to school objects and ask, **¿Qué es esto?** (What is this?). Respond with, "Es un lápiz." (It's a pencil.), "Es una mesa." (It's a table.), etc.

2. Now, practice asking where certain things are with, **¿Dónde está...?** (Where is...?) with a classmate. Respond with **Aquí está**. (Here it is.)

3. **LOTERÍA** (BINGO). From the list above, pick any nine items and draw one picture of each in the squares below. Then, play LOTERÍA!

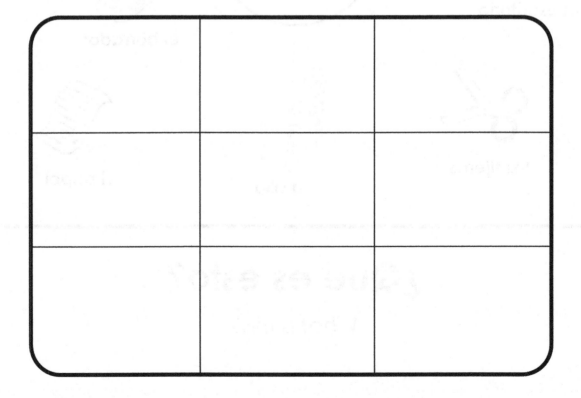

ESCRIBIR

A. Copy the following words, and then draw a line to connect them with the English word.

1. la silla	_____	book
2. el lápiz	_____	desk
3. el bolígrafo	_____	chair
4. el borrador	_____	paper
5. el libro	_____	notebook
6. las tijeras	_____	pencil
7. el cuaderno	_____	backpack
8. la escuela	_____	pen
9. la mochila	_____	scissors
10. el escritorio	_____	eraser
11. la mesa	_____	school
12. el papel	_____	table

B. Find a word with the following letters, write it in the blank provided and practice the pronunciation. If needed, consult the pronunciation key on page iv. in the preface.

1. **j** _____

2. **ll** _____

3. **z** _____

4. **i** _____

5. **a** _____

❖ *Lección 3: Números 0-21*

(Numbers 0-21)

0	cero	11	once
1	uno	12	doce
2	dos	13	trece
3	tres	14	catorce
4	cuatro	15	quince
5	cinco	16	dieciséis
6	seis	17	diecisiete
7	siete	18	dieciocho
8	ocho	19	diecinueve
9	nueve	20	veinte
10	diez	21	veintiuno

¿Cuántos años tienes?

How old are you?

— **Tengo diez años.** *I'm 10 years old.*

NOTE: *In Spanish, you "have" years instead of "being" a certain age.*

¿Cuántos libros hay?

How many books are there?

— **Hay seis libros.** *There are 6 books.*

PRACTICAR

1. Practice asking your classmates how old they are in Spanish, and then record your findings here.

   ¿Cuántos años tienes?   **— Tengo once años.**

   _____ tiene _____ años.   [Name] is ___ years old.

   _____ tiene _____ años.   [Name] is ___ years old.

   _____ tiene _____ años.   [Name] is ___ years old.

2. ¿Cuántos años tiene el hermano/la hermana? Guess the age of your classmate's brother or sister.

   Tu hermano/hermana tiene _____ años.

   Your brother/sister is ____ years old.

3. In pairs, take turns asking how many there are of certain items in the classroom. Por ejemplo:

   ¿Cuántos bolígrafos hay?   Respond: **Hay 6 bolígrafos.**
   How many pens are there?   *There are 6 pens.*

4. ¿Cuántas chicas hay en la clase? _____

5. ¿Cuántos chicos hay en la clase? _____

6. ¿Cuántos hermanos tienes? _____

7. Play LOTERÍA! Fill in each square with random numbers from 0-21 (use a pencil so you can change your numbers later).

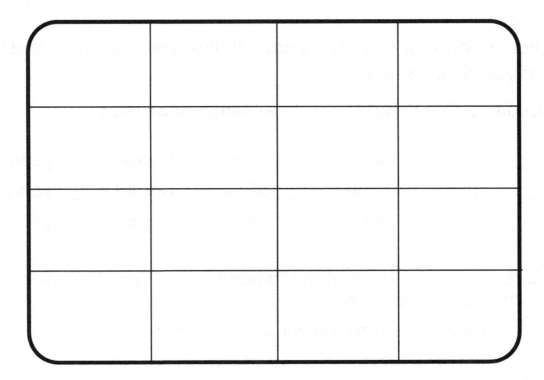

✏️ **ESCRIBIR**

A. Write out the number for each of the numbers in the space provided.

1. **19** _____
2. **1** _____
3. **21** _____
4. **3** _____
5. **17** _____
6. **5** _____
7. **11** _____
8. **7** _____
9. **14** _____
10. **12** _____
11. **10** _____

12. **6** _____
13. **9** _____
14. **13** _____
15. **8** _____
16. **15** _____
17. **16** _____
18. **4** _____
19. **18** _____
20. **0** _____
21. **20** _____
22. **2** _____

B. Write down the number of items you see for each question.

¿CÚANTOS HAY? (How many are there?)

1. ¿Cuántos lápices hay?      Hay _____.

2. ¿Cuántas sillas hay?      Hay _____.

3. ¿Cuántos libros hay?   Hay _____.

4. ¿Cuántos bolígrafos hay?      Hay _____.

5. ¿Cuántas mochilas hay?      Hay _____.

C. Interview at least two family members or friends and record the information in the blocks below. *You may have to teach them some Spanish first!*

Preguntas de entrevista (Interview questions):

1. ¿Cómo te llamas?
   What's your name?
2. ¿Cómo estás?
   How are you?
3. ¿Cuántos años tienes?
   How old are you?
4. ¿Cuántos hermanos tienes?
   How many siblings do you have?

— Me llamo...
   My name is...
— Estoy... *(bien, mal, regular...).*
   I'm... (fine, bad, ok).
— Tengo...años.
   I'm ... years old.
— Tengo...hermanos.
   I have...siblings.

Persona #1:

1. Mi _____ **se llama** _____.   *My ___'s name is...*
   (amigo(a), hermano(a), padre, madre)

2. Él/Ella está _____.   *He/She is ...*

3. Él/Ella tiene _____ **años.**   *He/She is ... years old.*

4. Él/Ella tiene _____ **hermanos.**   *He/She has ... siblings.*

Persona #2:

1. Mi _____ **se llama** _____.   *My ___'s name is...*
   (amigo(a), hermano(a), padre, madre)

2. Él/Ella está _____.   *He/She is ...*

3. Él/Ella tiene _____ **años.**   *He/She is ... years old.*

4. Él/Ella tiene _____ **hermanos.**   *He/She has ... siblings.*

❖ *Lección 4: Los Colores (Colors)*

 Create a visual color code, by coloring each box to match the color in Spanish.

azul *blue*		**blanco** *white*	
rojo *red*		**morado** *purple*	
amarillo *yellow*		**rosa/rosado** *pink*	
verde *green*		**naranja/ anaranjado** *orange*	
negro *black*		**café/marrón** *brown*	

¿De qué color es el libro?

What color is the book?

NOTE: Colors are adjectives and they must agree in gender with the noun they are describing. For example: La escuela es morad**a**. El libro es negr**o**. Adjectives ending in "e" or a consonant, don't change for gender.

 PRACTICAR ————————————————————

1. Take turns asking what color things are around the classroom:

   ¿De qué color es la mochila?   Respond: **La mochila es verde.**

2. Ask your classmates what their favorite color is:
   ¿Cuál es tu color favorito?   — **Mi color favorito es el morado.**

3. Play **¿Qué veo?** (What do I see?) by picking something in the room and having someone guess the object based on the color clue you give.

Veo algo que tú no ves, y el color es ....

I see something you don't see, and the color is...

✏️ ESCRIBIR

A. Copy the following colors in the space provided. Then, draw a picture of something that color.

1. rojo _____

2. verde _____

3. azul _____

4. anaranjado _____

5. amarillo _____

6. morado _____

B. Translate the following sentences into Spanish. Don't forget about adjective agreement (see note on page 13)!

      Modelos: My pencil is yellow.   **Mi lápiz es amarillo.**
                   My table is green.   **Mi mesa es verde.**
                   My school is orange.   **Mi escuela es anaranjada.**

1. My backpack is green. _____

2. My desk is purple. _____

3. My pencil is yellow. _____

4. My pen is black. _____

5. My book is pink and blue. _____

6. My school is white. _____

7. My chair is red and yellow. _____

8. My notebook is orange. _____

9. My eraser is brown. _____

10. My paper is pink. _____

❖ *Lección 5: El Alfabeto* (Alphabet)

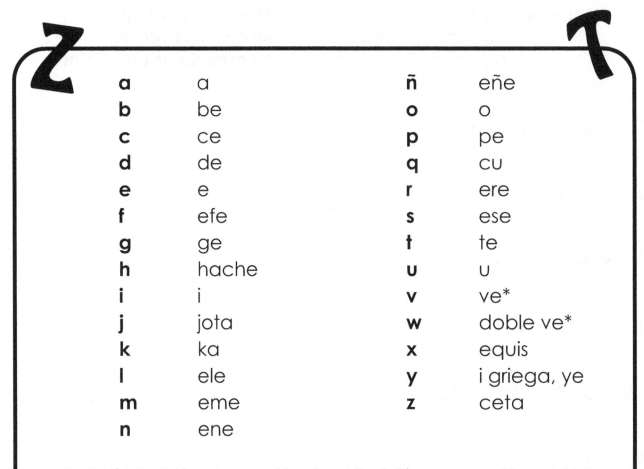

a	a	**ñ**	eñe
b	be	**o**	o
c	ce	**p**	pe
d	de	**q**	cu
e	e	**r**	ere
f	efe	**s**	ese
g	ge	**t**	te
h	hache	**u**	u
i	i	**v**	ve*
j	jota	**w**	doble ve*
k	ka	**x**	equis
l	ele	**y**	i griega, ye
m	eme	**z**	ceta
n	ene		

* In Spain, the "v" is pronounced "uve" and the "w" is pronounced "uve doble". Ask your teacher what he or she uses for these letters.

🗣 PRACTICAR ———————————————————

1. First, listen to your teacher say the alphabet. The second time, repeat after each letter. Finally, practice on your own or with a partner.

2. Listen to and repeat the following words your teacher spells:

amigo	**zapatos**	**verde**	**loca**
chaqueta	**oreja**	**falda**	**chocolate**

3. In pairs, take turns asking each other how to spell the following words in Spanish, with **¿Cómo se escribe...?**

    1. ¿Cómo se escribe "español"?   4. ¿Cómo se escribe "lápiz"?

    2. ¿Cómo se escribe "mochila"?   5. ¿Cómo se escribe "cuaderno"?

    3. ¿Cómo se escribe "libro"?   6. ¿Cómo se escribe tu nombre?

4. Write down the words you hear your teacher spell. If you need a word repeated, say "Repita, por favor."

1. _____   6. _____

2. _____   7. _____

3. _____   8. _____

4. _____   9. _____

5. _____   10. _____

✎ ESCRIBIR

A. Write your name and practice spelling it in Spanish: _____

B. Write down 6 words in English you want to know how to say in Spanish. Look them up in the dictionary, and write the Spanish words in the blanks provided. Then, practice spelling them out loud in Spanish.

English	Spanish		English	Spanish
1. _____ _____			4. _____ _____	
2. _____ _____			5. _____ _____	
3. _____ _____			6. _____ _____	

❖ **Lección 6: Repaso** *(Review)*

A. Match the Spanish words with the English counterparts.

1. hola	____	a.	ten	
2. azul	____	b.	chair	
3. mochila	____	c.	hello	
4. quince	____	d.	desk	
5. escuela	____	e.	six	
6. amarillo	____	f.	blue	
7. rosado	____	g.	table	
8. veinte	____	h.	scissors	
9. verde	____	i.	orange	
10. libro	____	j.	backpack	
11. silla	____	k.	red	
12. mesa	____	l.	fifteen	
13. anaranjado	____	m.	pencil	
14. diez	____	n.	school	
15. bolígrafo	____	o.	pen	
16. tijeras	____	p.	yellow	
17. lápiz	____	q.	book	
18. seis	____	r.	pink	
19. rojo	____	s.	green	
20. escritorio	____	t.	twenty	

B. Pretend like you don't know your classmates, and walk around the room having short conversations with at least 3 people. Include:

- Greetings
- Introduce yourself and ask their names.
- Ask them how they spell their names.
- Ask how they are doing.
- Ask how old they are.
- Say goodbye.

CULTURA y GEOGRAFÍA

MÉXICO

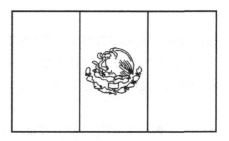

La bandera mexicana

Mexican flag: green, white, red (from left to right). Color it!

• Languages: Spanish and over 100 indigenous languages
• Capital: Mexico City (D.F.)
• Currency: Peso

La Música

Mariachi is a type of music in Mexico that usually includes:

• **La guitarra** - Guitar

• **El guitarrón** - Large acoustic bass guitar

• **El violín** - Violin

• **La trompeta** - Trumpet

CULTURA y GEOGRAFÍA

La Comida

Mexican food is popular in the United States, so you may have eaten some of the common dishes, like burritos, enchiladas, etc. But have you ever tried these Mexican foods?

✦ Mole - A chili chocolate sauce that is poured over meat dishes.

✦ Tamales - A corn-based dough with a meat filling that is wrapped and steamed in a corn husk or banana leaf.

✦ Horchata - A sweet milk drink made with rice, nuts and/or barley.

¡Qué padre!
How cool!

✦ Mexico borders the following U.S. states: California, Arizona, New Mexico, and Texas.

✦ Soccer is the national sport of Mexico.

✦ Mexico has the world's smallest volcano, Volcán Cuexcomate, at 43 feet tall.

✦ The official name of Mexico is the United Mexican States, or in Spanish, los Estados Unidos de México.

✦ Mexico introduced chocolate, corn and chili peppers to the world.

UNIDAD 2

La Familia

Family

❖ Lección 1: Miembros de la Familia
(Family Members)

el padre
"papá"

la hija

el hijo

la madre
"mamá"

la hermana y el hermano

la madre	mother	**la hija**	daughter
la mamá	mom	**el abuelo**	grandfather
el padre	father	**la abuela**	grandmother
el papá	dad	**la prima**	cousin (female)
la hermana	sister	**el primo**	cousin (male)
el hermano	brother	**el tío**	uncle
el hijo	son	**la tía**	aunt

 **PRACTICAR**

1. For each of the following family members, take turns asking and answering the following questions:

> **¿Qué significa "madre"?**
>
> What does "madre" mean?
>
> **¿Cómo se escribe "madre"?**
>
> How do you spell "madre"?

> **— Significa "mother".**
>
> It means "mother".
>
> **— Se escribe M-A-D-R-E.**
>
> It's spelled M-A-D-R-E.

2. Play "Verdugo" (Hangman) with a partner using the family vocabulary above. Use additional paper if necessary.

ESCRIBIR

A. Copy the following words in Spanish, and then draw a line to connect them with the English word in the right column.

1. tía   _____   a. sister

2. abuelo   _____   b. mother

3. hermano   _____   c. aunt

4. madre   _____   d. daughter

5. hija   _____   e. grandfather

6. padre   _____   f. son

7. hermana   _____   g. uncle

8. abuela   _____   h. brother

9. hijo   _____   i. father

10. tío   _____   j. grandmother

❖ Lección 2: ¿Tienes...? *(Do you have...?)*

¿Tienes una hermana?   *Do you have a sister?*

— Sí, **tengo** una hermana.   — *Yes, I have a sister.*

¿Tienes hermanos?   *Do you have siblings?*

— Sí, **tengo** una hermana   — *Yes, I have one sister*

y *dos hermanos.*   *and two brothers.*

 **PRACTICAR** ────────────────────────────

1. Ask your classmates about their families, using the model on the previous page. ***Modelo:*** ¿Tienes un tío?　　—Sí, tengo 2 tíos.

1. un tío	5. una tía
2. una hermana	6. un abuelo
3. una abuela	7. una madre
4. un hermano	8. un padre

 ESCRIBIR ────────────────────────────

A. Draw a family tree, including yourself, siblings, parents, grandparents, aunts and uncles. Then, present your family tree with "Tengo...".

❖ *Lección 3: Números 20-100*

(Numbers 20-100)

20	veinte	**31**	treinta y uno
21	veintiuno	**32**	treinta y dos
22	veintidós	**33**	treinta y tres
23	veintitrés	**34**	treinta y cuatro
24	veinticuatro	**35**	treinta y cinco
25	veinticinco	**36**	treinta y seis
26	veintiséis	**37**	treinta y siete
27	veintisiete	**38**	treinta y ocho
28	veintiocho	**39**	treinta y nueve
29	veintinueve	**40**	cuarenta
30	treinta	**41**	cuarenta y uno...

50	cincuenta
51	cincuenta y uno
60	sesenta
61	sesenta y uno
70	setenta
71	setenta y uno
80	ochenta
81	ochenta y uno
90	noventa
91	noventa y uno
100	cien

 PRACTICAR ————————————————————

1. Practice saying out loud the following numbers according to what is underlined. Repeat until you're satisfied with your speed.

<u>4 6 8</u> - <u>3 1 2 3</u>   9 0 3 - <u>7 4 6 5</u>   <u>4 7 3</u> - 9 <u>2 5</u> 1

8 <u>1 3</u> - <u>4 2 0 6</u>   2 6 2 - 3 <u>7 9 2</u>   <u>5 6 3</u> - <u>2 8</u> 8 9

2. Play LOTERÍA! Fill in each square with random numbers from 20-100 (use a pencil so you can change your numbers later).

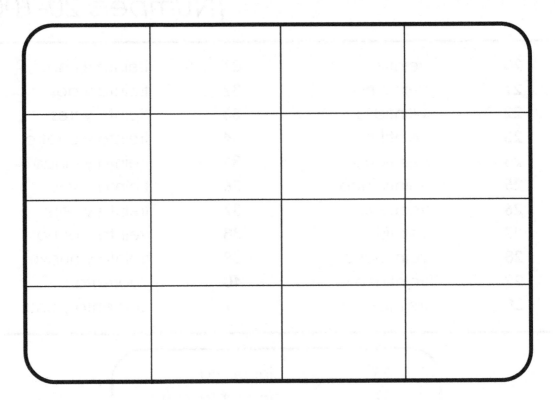

3. Read the questions below out loud with a partner. Then, ask similar questions about each other's families.

¿Cuántos años **tienes**?

— **Tengo** diez años.

¿Cuántos años **tiene** tu mamá?

— Mi mamá **tiene** cuarenta años.

How old <u>are you</u>?

— <u>I am</u> ten years old.

How old <u>is</u> your mom?

—My mom <u>is</u> 40 years old.

4. Write down the phone numbers your teacher says. If you need a number repeated, say "Repita, por favor."

1. _____

2. _____

3. _____

4. _____

5. _____

6. _____

ESCRIBIR ────────────────────────────────────

A. Write out the number for each of the numbers in the space provided.

1. **25** _____   7. **61** _____

2. **100** _____   8. **54** _____

3. **96** _____   9. **42** _____

4. **72** _____   10. **90** _____

5. **39** _____   11. **28** _____

6. **83** _____   12. **87** _____

B. State each of your family member's name and age, using the following model:

Modelo: Mi hermano **se llama** Paul y **tiene** veinte años.

1. tú (you)   Me llamo _____ y tengo _____ años.

2. hermana   Mi hermana se llama _____ y tiene _____ años.

3. abuelo   Mi abuelo se llama _____ y tiene _____ años.

4. hermano   Mi hermano se llama _____ y tiene _____ años.

5. abuela   Mi abuela se llama _____ y tiene _____ años.

6. madre   Mi madre se llama _____ y tiene _____ años.

7. padre   Mi padre se llama _____ y tiene _____ años.

8. tío   Mi tío se llama _____ y tiene _____ años.

9. tía   Mi tía se llama _____ y tiene _____ años.

10. perro(a)   Mi perro(a) se llama _____ y tiene _____ años.

11. gato(a)   Mi gato(a) se llama _____ y tiene _____ años.

❖ *Lección 4: Adjetivos* (Adjectives)

PERSONALIDAD		ASPECTO FÍSICO	
simpático(a)	nice	**alto(a)**	tall
divertido(a)	fun	**bajo(a)**	short
gracioso(a)	funny	**grande**	big
alegre	cheerful	**pequeño(a)**	small
aburrido(a)	boring	**rápido(a)**	fast
inteligente	intelligent	**delgado(a)**	thin
tímido(a)	shy	**guapo(a)**	handsome/ pretty
valiente	brave	**bonito(a)**	pretty

¿Cómo es tu tía?
What's your aunt like?

Mi tía es... simpática y alta.
My aunt is... *nice and tall.*

 PRACTICAR ——————————————————

1. Ask your classmates about their family, using the model above.

2. Ask your classmates questions about themselves, using this model:

    ¿**Eres** bajo?   — No, no **soy** bajo. **Soy** alto.
    (Are you short?)   (No, I'm not short. I'm tall.)

Unidad 2: La Familia

 ESCRIBIR ─────────────────────────────────

A. Write 4 adjectives that describe yourself and 4 adjectives that do not. Don't forget about adjective agreement!

Soy... (I am)	No soy... (I am not)
1.	1.
2.	2.
3.	3.
4.	4.

B. Using the same list of people from the previous page, describe them, using the following model:

> **Modelo:** Mi hermana es **alta** y **graciosa.**

1. amigo(a) _____

2. hermana _____

3. abuelo _____

4. hermano _____

5. abuela _____

6. madre _____

7. padre _____

8. tío _____

9. tía _____

10. gato(a)/perro(a) _____

C. Complete the following crossword puzzle with the Spanish words for each of the clues in English.

CRUCIGRAMA (Adjetivos)

Horizontales (Across):
2. fast (boy)
4. thin (boy)
6. big (boy or girl)
8. smart (boy or girl)
9. small (boy)
10. tall (girl)
11. handsome (boy)

Verticales (Down):
1. funny (girl)
3. short (girl)
4. fun (girl)
5. slow (boy)
6. pretty (girl)
7. nice (boy)

❖ Lección 5: Las Mascotas *(Pets)*

¿Tienes una mascota?
Do you have a pet?

Sí, tengo...
Yes, I have...

un perro / una perra

un gato / una gata

un(a) perro(a)	a dog	**un pájaro**	a bird
un(a) gato(a)	a cat	**un caballo**	a horse
un pez	a fish	**un pato**	a duck
una tortuga	a turtle	**un hámster**	a hamster
una serpiente	a snake	**un conejo**	a rabbit
una rana	a frog	**un ratón**	a mouse

 PRACTICAR ─────────────────────────

1. Ask your classmates if they have pets, and then ask what their names are and what they're like with the adjectives from the previous lesson.

   Ejemplo: ¿Tienes una mascota?   — Sí, tengo una perra.
                 ¿Cómo se llama?   — Se llama Luz.
                 ¿Cómo es Luz?   — Es simpática y grande.

2. **LOTERÍA** (BINGO). Pick any nine animals and draw one picture of each in the squares below. Then, play LOTERÍA.

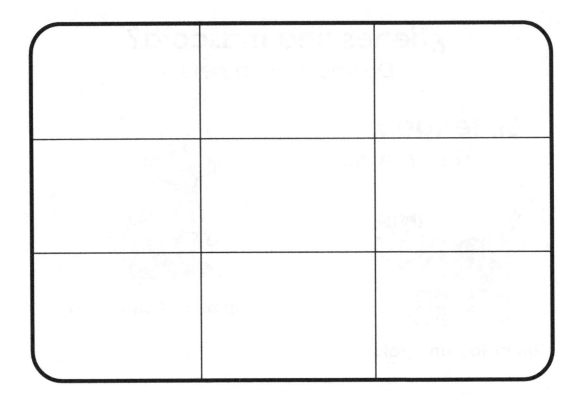

 ESCRIBIR ───────────────────────

A. Based on the following clues, pick the animal that best fits each one.

1. Este animal tiene **orejas largas**.
   a. un pez   b. una tortuga   c. un pato   d. un conejo

2. Este animal **salta** y es **verde**.
   a. una rana   b. un pato   c. un hámster   d. un caballo

3. Este animal **no tiene patas**.
   a. un perro   b. una serpiente   c. un caballo   d. un pájaro

4. Este animal vive en el **agua**.
   a. un ratón   b. un gato   c. un conejo   d. un pez

5. A este animal le gusta **el queso**.
   a. un pato   b. un caballo   c. un ratón   d. una tortuga

B. Draw a picture of your pet or pets, and label each one in Spanish. If you don't have a pet, draw a picture of your friend's pets or ones you'd like to have.

C. Think about your pets or other pets you've been around, and describe them in Spanish.

Modelo: Tengo un perro. Se llama Chip y tiene 5 años. Chip es bonito y simpático pero un poco gordo. Mi amigo tiene una serpiente. Se llama Abby y tiene 10 años. Es grande y lenta.

_____

_____

_____

_____

_____

_____

❖ *Lección 6: Repaso* *(Review)*

A. Match the Spanish words with the English counterparts.

1. abuela _____
2. simpática _____
3. perro _____
4. padre _____
5. grande _____
6. gracioso _____
7. guapo _____
8. cuarenta _____
9. mamá _____
10. hermana _____
11. tímido _____
12. cincuenta _____
13. tío _____
14. hija _____
15. gata _____
16. pequeña _____
17. rápido _____
18. treinta y seis _____
19. baja _____
20. alto _____

a. handsome
b. tall
c. grandmother
d. forty
e. short
f. nice
g. thirty-six
h. male dog
i. uncle
j. shy
k. fifty
l. father
m. fast
n. big
o. small
p. female cat
q. funny
r. daughter
s. sister
t. mom

B. Ask your classmates about their family in Spanish. Include the following:

- Greet each other
- Ask about their family (¿Tienes abuelos?)
- Ask how old family members are (¿Cuántos años tiene tu hermano?)
- Ask about pets (¿Tienes mascotas?)
- Ask what their family is like (¿Cómo es tu mamá?)
- Say goodbye

CULTURA y GEOGRAFÍA

CENTROAMÉRICA

Central America is a geographical area referring to the narrow land mass between North America and South America.

1. Find the following Central American countries on the map:

- **Honduras**
- **Guatemala**
- **El Salvador**
- **Nicaragua**
- **Costa Rica**
- **Panama**

2. What countries border both the Caribbean Sea and the Pacific Ocean?

3. What is the smallest country in Central America? And the largest?

4. What country borders Guatemala? What country borders Panama?

CULTURA y GEOGRAFÍA

Los Mayas

The Mayan Indians occupied much of Central America and were one of the most advanced ancient civilizations. Mayan populations are found throughout much of Central America.

✦ The Mayan people were small. The men averaged five feet tall and women averaged four feet tall.

✦ The Mayans kept dogs as pets.

✦ The Mayans practiced human sacrifice to please the gods.

✦ The main food staples were beans, corn and squash.

¡Pura Vida!
How cool!

✦ "Pura vida", or "pure life" in English, is a common expression in Costa Rica to say, "Cool", "Thank you", You're welcome", etc.

✦ Much of Central America is mountainous, with the highest mountains being in Guatemala.

✦ Nicaragua and Costa Rica together are about the size of Washington State.

✦ Central America lies in the Tropical Zone, having a rainy season and a dry season.

✦ The official language of Belize is English, and it's one of the least populated countries in the world.

UNIDAD 3

El Cuerpo

The Body

❖ Lección 1: La Cabeza *(The Head)*

el pelo

la ceja

la oreja

el ojo

la nariz

la boca

el cuello

 **PRACTICAR** ─────────────────────

1. Practice saying the parts of the head in Spanish, while pointing to them on your head. For example: Aquí está el pelo. (Here's my hair.)

   NOTE: Body parts are usually found with el/la/los/las.

la cabeza	head	la nariz	nose
la oreja	ear	el pelo	hair
el ojo	eye	la ceja	eyebrow
la boca	mouth	el cuello	neck

 ESCRIBIR

A. Copy the following words. Then, draw a picture of it.

1. el cuello   _____

2. la nariz   _____

3. la oreja   _____

4. la boca   _____

5. la cabeza   _____

6. la ceja   _____

7. el ojo   _____

8. el pelo   _____

❖ *Lección 2: El Cuerpo* *(The Body)*

la cabeza

el hombro

la mano

el brazo

la espalda

el estómago

la rodilla

la pierna

el pie

 **PRACTICAR** ——————————————

1. Practice saying the parts of the body in Spanish, while pointing to them.
   For example: Aquí está el pie. (Here's my foot.)

la cabeza	head	la rodilla	knee
la mano	hand	**el brazo**	arm
el hombro	shoulder	**la pierna**	leg
la espalda	back	**el estómago**	stomach
el pie	foot	**el cuerpo**	body

2. Play "Verdugo" (Hangman) with the parts of the head and body vocabulary on the previous pages. Use additional paper if necessary.

 **ESCRIBIR** ——————————————————

A. Draw a picture of a person and label the parts of the body.

❖ *Lección 3: ¿Qué te duele?*

(What hurts you?)

Me duele...

...la cabeza.

...el brazo.

When one body part hurts.

Me duelen...

...las piernas.

...los pies.

When more than one body part hurts.

 PRACTICAR ───────────────────────────────

1. Take turns asking a classmate what hurts him or her? When answering, make sure you qualify your answer with "mucho" or "un poco".

   ¿Qué te duele?   What hurts you?

   — **Me duele(n) _____ mucho / un poco.**
   My _____ hurts (a lot / a little).

✏️ ESCRIBIR

A. Answer the question, "¿Qué te duele?" (What hurts you?) according to the following body parts. Notice that "duele" is used for singular body parts and "duelen" for plural body parts.

¿Qué te duele?

What hurts you?

1. Me duele _____.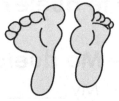

2. Me duelen _____.

3. Me duele _____.

4. Me duelen _____.

❖ *Lección 4: ¿Cómo estás?*
(How are you?)

¿Cómo estás?
How are you?

Estoy...
I am...

bien/contenta.   **enojada.**   **triste.**   **emocionada.**

bien	well	**enfermo(a)**	sick
enojado(a)	angry	**mal**	bad/sick
cansado(a)	tired	**nervioso(a)**	nervous
asustado(a)	scared	**emocionado(a)**	excited
contento(a)	happy	**triste**	sad

 PRACTICAR —————————————————

1. Take turns asking classmates how they are doing? When answering, try out all the possibilities while acting them out.

¿Cómo estás?   — Estoy...

2. Point to the pictures as your teacher calls out each emotion.

 ESCRIBIR

A. Draw a picture of yourself when you feel the following emotions. For the ones that have different adjective endings, circle the one that pertains to you.

Estoy contento / contenta.	Estoy triste.
Estoy enojado / enojada.	Estoy enfermo / enferma.

B. Match the following emotions in the first column with the causes in the second column.

1. Estoy triste.   _____
2. Estoy enfermo(a).   _____
3. Estoy contento(a).   _____
4. Estoy cansado(a).   _____
5. Estoy nervioso(a).   _____
6. Estoy enojado(a).   _____

a. un nuevo amigo (a new friend)

b. un tornado (a tornado)

c. fiebre y tos (fever and cough)

d. un maratón (a marathon)

e. un chisme falso (a false rumor)

f. tu pez se murió (your fish died)

❖ Lección 5: Números 100-1.000
(Numbers 100-1,000)

100	cien
101	ciento uno
102	ciento dos
200	doscientos
300	trescientos
400	cuatrocientos
500	quinientos
600	seiscientos
700	setecientos
800	ochocientos
900	novecientos
1.000	mil

🗣 PRACTICAR ─────────────────────────

1. Point to the numbers below as your teacher says them out loud.

2. Now, in pairs, practice saying the same numbers out loud.

400	**900**	**250**	**820**
130	**370**	**640**	**510**
760	**1.000**	**412**	**952**
237	**815**	**199**	**1.458**

 # ESCRIBIR ─────────────────────────

A. Copy the following numbers in Spanish, and then draw a line to the matching numerals.

1. quinientos	_____	100
2. trescientos	_____	500
3. novecientos	_____	300
4. cien	_____	800
5. setecientos	_____	1.000
6. doscientos	_____	200
7. ochocientos	_____	700
8. seiscientos	_____	900
9. cuatrocientos	_____	400
10. mil	_____	600

❖ *Lección 6: Repaso* *(Review)*

A. Match the Spanish words with the English counterparts.

1. pie ____	a.	stomach
2. quinientos ____	b.	arm
3. cabeza ____	c.	hand
4. brazo ____	d.	one thousand
5. triste ____	e.	shoulder
6. espalda ____	f.	nose
7. oreja ____	g.	eye
8. boca ____	h.	excited
9. setecientos ____	i.	hair
10. ojo ____	j.	ear
11. nariz ____	k.	seven hundred
12. emocionado ____	l.	leg
13. estómago ____	m.	mouth
14. pierna ____	n.	back
15. pelo ____	o.	five hundred
16. hombro ____	p.	foot
17. mano ____	q.	sad
18. mil ____	r.	head

B. Quiz your classmate about parts of the body, using these models:

¿Dónde está *la cabeza*? — **Aquí está.**
¿Te duele *la cabeza*? — **Sí, me duele (mucho, un poco).**
or
— **No, no me duele.**

C. Ask your classmates how they are doing, using the following model:

¿Cómo estás? — **Estoy nervioso / nerviosa.**

CULTURA y GEOGRAFÍA

SUDAMÉRICA

South America is a continent encompassing the equator and attached to Central America.

1. Find the following Spanish-speaking South American countries on the
   map:
   - **Venezuela**
   - **Ecuador**
   - **Colombia**
   - **Peru**
   - **Bolivia**
   - **Argentina**
   - **Paraguay**
   - **Chile**
   - **Uruguay**

2. What countries do not border an ocean?

3. What South American country borders Central America?

4. What countries does the equator pass through?

CULTURA y GEOGRAFÍA

La Comida

South American food varies quite a bit, and many different indigenous influences contribute to the widely varying cuisines.

However, some of the foods that are commonly found in South America and thought to have originated there are:

✦ **Corn** (*el maíz* or *el choclo*) has been grown in South America for more than 5,000 years, and is South America's most significant food contribution to the rest of the world. Corn is the key ingredient of many staple dishes.

✦ The **potato** (*la papa*) is another significant South American crop, and is found in many South American dishes, fried, mashed, baked and cooked in many other ways.

¡Qué chévere!
How cool!

✦ Brazil is the largest country in South America, but it happens to be a Portuguese-speaking country.

✦ La Paz, the capital of Bolivia, is the highest capital city in the world, situated almost 12,000 feet above sea level.

✦ The world's highest waterfall is Salto Ángel in Venezuela, at 3,212 feet or over twice the height of the Sears Tower in Chicago, and over 5 times the height of the Space Needle in Seattle.

✦ Machu Picchu is an Incan ruin in Peru, located 8,000 feet above sea level, and was built around 1460, and then abandoned about a 100 years later during the Spanish conquest.

UNIDAD

La Comida

Food

¿Cuál es tu comida favorita?

What is your favorite food?

— Mi comida favorita es...

My favorite food is...

el helado

la pasta

la pizza

el chocolate

la ensalada

❖ *Lección 1: El Desayuno* (Breakfast)

¿Qué quieres para desayunar?

What do you want for breakfast?

Quiero...

I want...

cereales

jugo de naranja

huevos

panqueques

leche

pan tostado

 PRACTICAR ─────────────────────────────

1. Practice the following questions and answers and then ask your
   classmates the same questions about their breakfast preferences.

¿Qué **quieres** para desayunar?

  — **Quiero** cereales y jugo.

What <u>do you want</u> for breakfast?

  — *<u>I want</u> cereal and juice.*

¿**Quieres** huevos?

  — No, gracias. **No quiero** huevos.

Do you want eggs?

  — *No thanks. <u>I don't want</u> eggs.*

los cereales	cereal
el jugo de naranja	orange juice
los huevos	eggs
el pan tostado	toast
los panqueques	pancakes
la leche	milk
el tocino	bacon

 ESCRIBIR

A. Draw a picture of your typical breakfast, and then label in Spanish. If a particular food you like is not on this list, look it up in a dictionary.

Mi desayuno

❖ **Lección 2: El Almuerzo** (Lunch)

¿Qué quieres para almorzar?

What do you want for lunch?

Quiero...
I want...

un sándwich

una hamburguesa

fruta

queso

agua

sopa

jamón

 **PRACTICAR** ─────────────────────────

1. Practice the following questions and answers and then ask your classmates the same questions about their lunch preferences.

¿Qué **quieres** para almorzar?

   — **Quiero** una hamburguesa.

What <u>do you want</u> for lunch?

   — *<u>I want</u> a hamburger.*

¿**Quieres** sopa?

   — No, gracias. **No quiero** sopa.

<u>Do you want</u> soup?

   — *No thanks. <u>I don't want</u> soup.*

el agua	water
la fruta	fruit
la hamburguesa	hamburger
el jamón	ham
el queso	cheese
el sándwich	sandwich
la sopa	soup

ESCRIBIR

A. Draw a picture of your typical lunch, and then label in Spanish. If a particular food you like is not on this list, look it up in a dictionary.

Mi almuerzo

❖ *Lección 3: La Cena* (Dinner)

¿Qué quieres para cenar?

What do you want for dinner?

Quiero...

I want...

pollo

pasta

carne

arroz

pescado

ensalada

 PRACTICAR ─────────────────────

1. Practice the following questions and answers and then ask your classmates the same questions about their dinner preferences.

¿Qué **quieres** para cenar?

  — **Quiero** pasta con ensaalda.

What <u>do you want</u> for dinner?

  — *<u>I want</u> pasta with salad.*

¿**Quieres** pollo?

  — No, gracias. **No quiero** pollo.

<u>Do you want</u> chicken?

  — *No thanks. <u>I don't want</u> chicken.*

el pollo	chicken
la pasta	pasta
la carne	meat
el arroz	rice
el pescado	fish
la ensalada	salad
los frijoles (negros)	(black) beans

 ESCRIBIR

A. Draw a picture of your typical dinner, and then label in Spanish. If a particular food you like is not on this list, look it up in a dictionary.

Mi cena

❖ *Lección 4: Las Frutas y las Verduras*
(Fruits and Vegetables)

LAS FRUTAS		LAS VERDURAS	
la manzana	apple	**la papa**	potato
la fresa	strawberry	**la zanahoria**	carrot
la pera	pear	**la habichuela**	green bean
la naranja	orange	**el brócoli**	broccoli
la piña	pineapple	**los chícharos**	peas
el melón	melon	**el tomate**	tomato
la sandía	watermelon	**el maíz**	corn
las uvas	grapes	**la cebolla**	onion
el plátano	banana	**el ajo**	garlic

Me gus<u>ta</u>... la piña.
I like... *pineapple.* ⌐ *Use "gusta" for singular things you like*

Me gus<u>tan</u>... las fresas.
I like... *strawberries.* ⌐ *Use "gustan" for plural things you like*

 PRACTICAR ———————————————————————

1. Go through the food lists, starting on page 50, and state whether you like each food or not: **Me gusta(n).** or **No me gusta(n).**

NOTE: If you like something a lot, add "mucho": Me gusta mucho el maiz.
(I like corn a lot.)

2. Take turns asking your classmates if they like certain foods.

Modelo: ¿Te gusta el ajo? (Do you like garlic?) — Sí, me gusta. (Yes, I like it.)

¿Te gustan las peras? (Do you like pears?) — No, no me gustan.
(No, I don't like them.)

✏️ ESCRIBIR ───────────────────────────

A. Write down 6 foods you like and 6 foods you dislike. Look up any foods you don't see in this unit.

Me gusta... 👍	Me gustan... 👍
(For singular foods you like)	(For plural foods you like)
1. _____	4. _____
2. _____	5. _____
3. _____	6. _____
No me gusta... 👎	**No me gustan...** 👎
(For singular foods you dislike)	(For plural foods you dislike)
1. _____	4. _____
2. _____	5. _____
3. _____	6. _____

B. Compare your answers with your classmates.

❖ *Lección 5: La Mesa* *(The Table)*

sal y pimienta

el vaso

el tenedor

la cuchara

la servilleta

el plato

el cuchillo

 **PRACTICAR** ─────────────────────────────

1. Practice the vocabulary above with the verb NECESITAR with your
   classmates.

¿**Necesitas** una servilleta?   *Do you need a napkin?*

   —Sí, **necesito** una servilleta.   — Yes, *I need a napkin.*

¿**Necesitas** un tenedor?   *Do you need a fork?*

   — No, **no necesito** un tenedor.   — No, *I don't need a fork.*

la mesa	table	la cuchara	spoon
sal y pimienta	salt and pepper	la servilleta	napkin
el vaso	glass/cup	el plato	plate
el tenedor	fork	el cuchillo	knife

 ESCRIBIR ─────────────────────────────

A. Draw a picture of a table setting with some or all of the items above, and add some of your favorite foods. Label everything in Spanish.

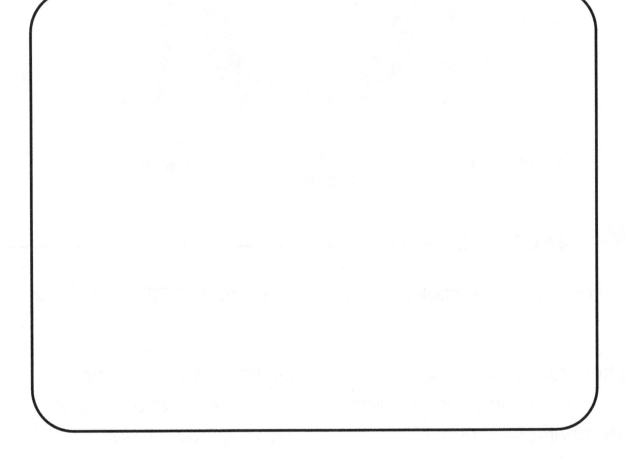

B. Complete the following crossword puzzle with the Spanish words for each of the clues in English.

CRUCIGRAMA (Comidas)

Horizontales (Across):

3. fish
7. apple
8. pancakes
12. eggs
13. carrot
17. ham
19. hamburger
22. soup
23. orange

Verticales (Down):

1. salad
2. cereal
4. sandwich
5. strawberry
6. pear
9. milk
10. meat
11. chicken
14. juice
15. water
16. potato
18. rice
20. grapes
21. pasta

❖ *Lección 6: Repaso (Review)*

A. Match the Spanish words with the English counterparts.

1. jugo	____	a.	orange
2. tenedor	____	b.	eggs
3. pollo	____	c.	chocolate
4. servilleta	____	d.	juice
5. leche	____	e.	spoon
6. doscientos	____	f.	plate
7. plato	____	g.	five hundred
8. naranja	____	h.	salad
9. pescado	____	i.	ice cream
10. uvas	____	j.	toast
11. arroz	____	k.	meat
12. cuchara	____	l.	napkin
13. vaso	____	m.	fish
14. chocolate	____	n.	chicken
15. quinientos	____	o.	fork
16. pan tostado	____	p.	milk
17. helado	____	q.	two hundred
18. huevos	____	r.	glass/cup
19. ensalada	____	s.	cheese
20. carne	____	t.	rice
21. queso	____	u.	grapes

B. Take turns asking your classmates about their food preferences:

1. ¿Cuál es tu comida favorita?   — Mi comida favorita es el pollo.

2. ¿Te gusta... el helado?   — Sí, me gusta.

3. ¿Qué necesitas para comer... (una hamburguesa, sopa, carne, arroz)?

   — Necesito... las manos / un tenedor / una cuchara / un cuchillo

CULTURA y GEOGRAFÍA

El Caribe

The **Caribbean** is a geographic area nestled between Florida, Mexico, and Central and South America, consisting of a group of islands.

1. Find the following Spanish-speaking countries in the Caribbean:
   - **Cuba**
   - **Puerto Rico**
   - **Dominican Republic**

2. What Spanish-speaking country shares an island with another country?

3. What country is the closest to the U.S.?

4. What is the smallest Spanish-speaking country in the Caribbean?

CULTURA y GEOGRAFÍA

¡Qué bacán!
How cool!

✦ Most Caribbean food is based on African, Spanish, Chinese, and East Indian cuisines, including rice, beans, plantains, coconut, and more.

✦ The most popular sport in the Caribbean is baseball.

✦ In the Caribbean, there is a rainy season (May-November) and dry season (December-April).

Cuba

✦ Cuba is the most populated country in the whole Caribbean with over eleven million inhabitants.

✦ Cuba is often called "El Cocodrilo" because the aerial view resembles a crocodile.

✦ Cuba is home to the bee hummingbird, the world's smallest bird

Dominican Republic

✦ The Dominican Republic shares an island with Haiti.

✦ The size of the Dominican Republic is about twice the size of Vermont.

✦ Coffee is the national drink of the Dominican Republic.

Puerto Rico

✦ Puerto Rico is a U.S. territory and the currency is the U.S. dollar.

✦ A tiny tree frog, called the "Coqui" is the unofficial mascot of the island and measures one inch in length.

✦ Cockfighting is legal in Puerto Rico and most towns have an arena for such rooster fights.

UNIDAD 5

El Tiempo y la Ropa

Weather and Clothing

❖ Lección 1: El Tiempo (The Weather)

¿Qué tiempo hace?

What's the weather like?

Hace calor.

Hace sol.

Hace viento.

Hace frío.

Está nublado.

Está nevando.

Está lloviendo.

 **PRACTICAR** ————————————————————

1. Study the following weather expressions, while saying them out loud:

Hace buen tiempo.	
The weather is good.	
Hace mal tiempo.	
The weather is bad.	

Hace calor.	It's hot.
Hace sol.	It's sunny.
Hace viento.	It's windy.
Hace frío.	It's cold.
Está nublado.	It's cloudy.
Está nevando.	It's snowing.
Está lloviendo.	It's raining.
Hay una tormenta.	There's a storm.
Hay un tornado.	There's a tornado.

2. Copy the weather expressions in the blank provided while saying them out loud. Then, state whether that weather is happening now.

¿Ahora?

1. Está lloviendo. _____ ❑ Sí ❑ No

2. Hace calor. _____ ❑ Sí ❑ No

3. Está nevando. _____ ❑ Sí ❑ No

4. Hace sol. _____ ❑ Sí ❑ No

5. Está nublado. _____ ❑ Sí ❑ No

6. Hace viento. _____ ❑ Sí ❑ No

7. Hace frío. _____ ❑ Sí ❑ No

8. Hay una tormenta._____ ❑ Sí ❑ No

ESCRIBIR

A. ¿Qué tiempo hace? Draw pictures of the following weather conditions.

Hace sol.	Hace frío.
Está lloviendo.	**Está nublado.**
Está nevando.	**Hay una tormenta.**

❖ *Lección 2: La Ropa* (Clothing)

¿Qué llevas?
What are you wearing?

Llevo...
I'm wearing...

una camiseta

pantalones cortos

una chaqueta

calcetines

zapatos

una camisa

botas

un impermeable

pantalones

lentes de sol/ gafas de sol

una gorra

un traje de baño

un suéter

un vestido

una falda

PRACTICAR ——————————————————

1. Study the following clothing terms, while saying them out loud:

la ropa	clothes	**los pantalones cortos**	shorts
los zapatos	shoes	**la camisa**	shirt
el impermeable	raincoat	**los pantalones**	pants
el traje de baño	bathing suit	**el suéter**	sweater
el vestido	dress	**la falda**	skirt
la gorra	cap/hat	**las botas**	boots
los calcetines	socks	**los lentes/las gafas de sol**	sunglasses
la chaqueta	jacket	**la camiseta**	t-shirt

B. LOTERÍA (BINGO). Pick any nine articles of clothing and draw one picture of each in the squares below. Then, play LOTERÍA.

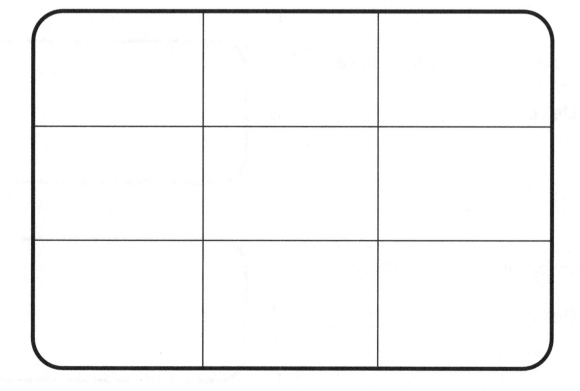

 **ESCRIBIR** ————————————————————

A. ¿Qué llevas cuando...? Fill in the blanks with the clothing that you wear during the given weather conditions. Then, draw a picture of that scene.

1. ¿Qué llevas cuando hace frío?

   ⇒ **Llevo** _____.

2. ¿Qué llevas cuando hace calor?

   ⇒ **Llevo** _____.

3. ¿Qué llevas cuando está lloviendo?

   ⇒ **Llevo** _____.

4. ¿Qué llevas cuando hace sol?

   ⇒ **Llevo** _____.

❖ *Lección 3: Las Estaciones* (Seasons)

el verano

el otoño

el invierno

la primavera

🗣 PRACTICAR ————————————————

1. Take turns asking your classmates what their favorite season is:

¿Cuál es tu estación favorita?

Mi estación favorita es _____.

 **ESCRIBIR** —————————————————————

A. Study the following days and weeks, while saying them out loud:

el verano	summer
el otoño	fall
el invierno	winter
la primavera	spring

B. Draw pictures of the four seasons below and be prepared to talk about them in Spanish.

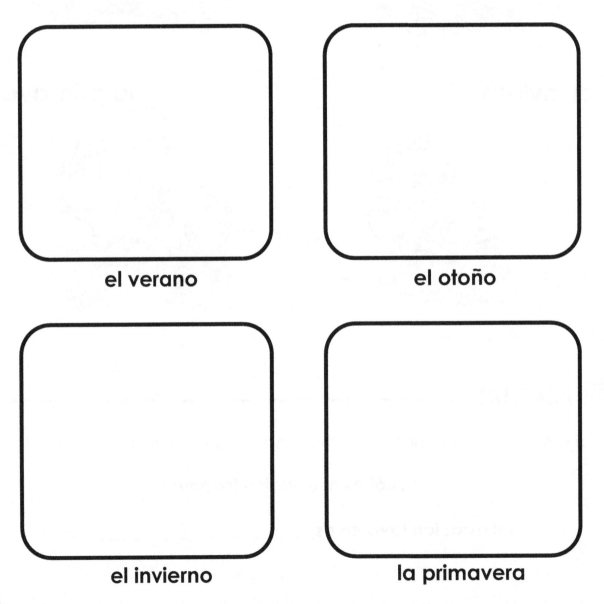

el verano

el otoño

el invierno

la primavera

Unidad 5: El Tiempo y la Ropa

❖ Lección 4: Los Meses y los Días
(Months and Days)

Los Meses
Months

enero	January	**julio**	July
febrero	February	**agosto**	August
marzo	March	**septiembre**	September
abril	April	**octubre**	October
mayo	May	**noviembre**	November
junio	June	**diciembre**	December

 PRACTICAR ─────────────────────────

1. Take turns asking your partner when his or her birthday is:

¿Cuándo es tu cumpleaños? — **Mi cumpleaños es el 14 de agosto.**

2. Ask your classmates questions about the days of the week:

¿Qué día es hoy?

   — **Hoy es _____.**

¿Qué día es mañana?

   — **Mañana es _____.**

Los Días de la Semana
Days of the Week

el lunes	Monday
el martes	Tuesday
el miércoles	Wednesday
el jueves	Thursday
el viernes	Friday
el sábado	Saturday
el domingo	Sunday

©2020 En Vivo Publications   Español En Vivo Instructional Spanish Workbook Level 1 for Grades 4-8   73

✏️ ESCRIBIR

A. Fill in the months that correspond to the following seasons.

el verano: _____ _____ _____

el otoño: _____ _____ _____

el invierno: _____ _____ _____

la primavera: _____ _____ _____

B. Answer the following questions in Spanish.

1. ¿Cuándo es tu cumpleaños? _____

2. ¿Cuándo es el cumpleaños de tu madre? _____

3. ¿Cuándo es el Día de San Valentín? _____

4. ¿Qué día es mañana? _____

5. ¿Cuándo es el cumpleaños de tu padre? _____

6. ¿Qué día es la clase de español? _____

7. ¿Cuándo es Halloween? _____

8. ¿Qué día fue ayer *(yesterday)*? _____

9. ¿Cuándo es el Día de la Independencia de EE.UU.? _____

10. ¿Qué día es hoy? _____

❖ *Lección 5: Necesitar* (To Need)

🗣 **PRACTICAR** ─────────────────────────────

1. Form statements with the various options listed below. Try to do so, using your memory first!

> **Modelo**: Necesito calcetines cuando hace frío.
> Necesito un suéter en el otoño.

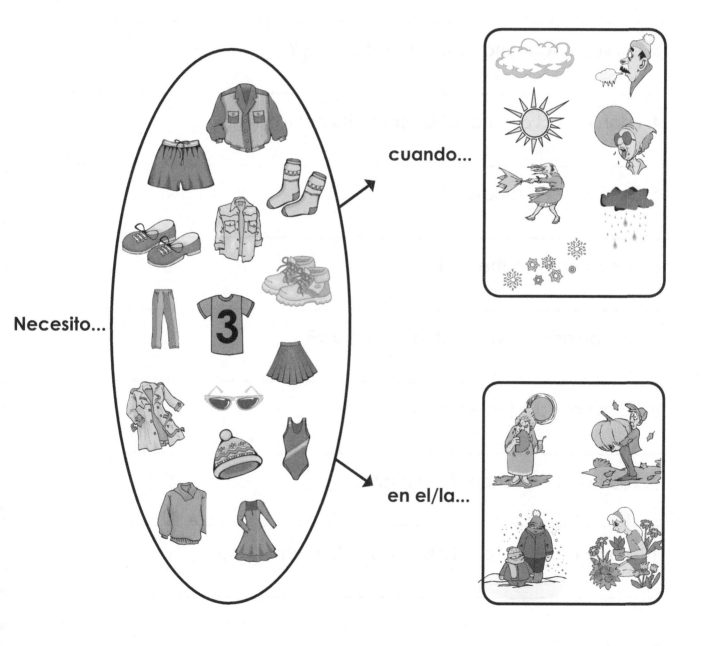

Necesito...

cuando...

en el/la...

✎ ESCRIBIR

A. Translate the following questions and statements into Spanish.

1. Do you need a sweater?

_____

2. I don't need shoes in the summer.

_____

3. Do you need sunglasses when it's sunny?

_____

4. I don't need a raincoat because it's not raining.

_____

5. Do you need a hat?

_____

6. I need boots in the winter.

_____

7. Do you need a swimsuit for tomorrow?

_____

8. I don't need a jacket today.

_____

9. You need new shoes for this fall.

_____

10. I only (sólo) need T-shirts and shorts in the spring.

_____

❖ Lección 6: Repaso *(Review)*

A. Match the Spanish words with the English counterparts.

1. marzo	_____	a.	T-shirt
2. jueves	_____	b.	sunglasses
3. nublado	_____	c.	pants
4. sol	_____	d.	fall
5. camisa	_____	e.	bathing suit
6. lentes de sol	_____	f.	March
7. calcetines	_____	g.	spring
8. gorra	_____	h.	summer
9. invierno	_____	i.	January
10. sábado	_____	j.	Thursday
11. zapatos	_____	k.	socks
12. primavera	_____	l.	winter
13. pantalones	_____	m.	sun
14. enero	_____	n.	cloudy
15. otoño	_____	o.	Saturday
16. camiseta	_____	p.	shoes
17. verano	_____	q.	hat
18. traje de baño	_____	r.	shirt

B. Take turns asking your classmates what they wear in different seasons and weather conditions, as well as other questions regarding days.

¿Qué llevas... **...en el invierno?** **... en el verano?** **...etc.**

¿Qué necesitas cuando... **...hace sol?** **...está lloviendo?** **...etc.**

¿Cuándo es tu cumpleaños?

¿Qué día es hoy?

CULTURA y GEOGRAFÍA

España

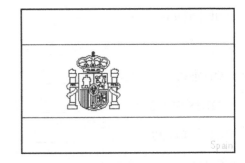

La Bandera Española
Spanish flag: red, yellow, red (from top to bottom). Color it!

- **Languages:** Castilian Spanish, Catalan, Galician, Basque
- **Capital** (Capital): Madrid
- **Currency** (Dinero): Euro

Spain is the only Spanish-speaking country in Europe and is about twice the size of the state of Oregon.

1. What countries border Spain?

2. What bodies of water does Spain border?

3. With which U.S. states does Spain share the same latitude?

4. Where do they speak the various languages listed above?

CULTURA y GEOGRAFÍA

La Comida

The food in Spain is as diverse as its customs and languages, however, here are some well-known staples:

✦ **Tapas** are both warm and cold appetizers eaten before the main 2:00 meal and the late dinner. They include olives, cheeses, squid, shrimp, sausage, ham, Spanish tortilla, and much more.

✦ **Tortilla española**, a potato, egg and onion pie, is served with bread as a side dish, or eaten as tapas or on a sandwich.

✦ **Jamón serrano** is cured ham found hanging in many restaurants and homes in Spain. It is commonly served thinly sliced with cheese and bread.

✦ **Paella** is the typical rice meal prepared in a large pan, including meat or seafood, as well as vegetables.

¡Qué guay!
How cool!

✦ Spanish food is not spicy!

✦ Soccer (fútbol) is the most popular sport in Spain.

✦ There is no tooth fairy in Spain, but rather a mouse called "Ratoncito Pérez".

✦ Spain produces around 44% of the world's olive oil.

✦ Flamenco is a traditional form of Spanish folk music and dance from southern Spain whose popularity has spread throughout the world.

Glosario

SALUDOS Y DESPEDIDAS (Greetings and Farewells)   p. 3

Hola.	Hello.
¿Cómo te llamas?	What's your name?
Me llamo...	My name is ...
Mucho gusto.	Nice to meet you.
¿Cómo estás?	How are you?
(Muy) bien.	(Very) well, thanks.
Regular / Así, así.	So-so.
Mal.	Bad. / Sick.
¿Y tú?	And you?
Hasta luego.	See you later.
Adiós.	Goodbye.
Chao.	Goodbye. (colloquial)

LA ESCUELA (School)   p. 6

el bolígrafo	pen
el borrador	eraser
el cuaderno	notebook
el escritorio	desk
la escuela	school
el lápiz	pencil
el libro	book
la mesa	table
la mochila	backpack
el papel	paper
la silla	chair
las tijeras	scissors

COLORES (Colors)   p. 13

amarillo	yellow
naranja/anaranjado	orange
azul	blue
blanco	white
café/marrón	brown
morado	purple
negro	black
rojo	red
rosa/rosado	pink
verde	green

LA FAMILIA (Family)   p. 22

la abuela	grandmother
el abuelo	grandfather
la hermana	sister
el hermano	brother
el hijo	son
la hija	daughter
la madre	mother
la mamá	mom
el padre	father
el papá	dad
la prima	cousin (girl)
el primo	cousin (boy)
el tío	uncle
la tía	aunt

ADJETIVOS (Adjectives) - Used with "Soy"   p. 2

aburrido	boring
alegre	cheerful
alto(a)	tall
bajo(a)	short
bonito(a)	pretty, cute
delgado(a)	thin
divertido(a)	fun
grande	big
guapo(a)	handsome
inteligente	smart
pequeño(a)	small
rápido(a)	fast
simpatico(a)	nice
tímido(a)	shy
valiente	brave

LAS MASCOTAS (Pets)   p. 3

el caballo	horse
el conejo	rabbit
el gato / la gata	cat
el hámster	hamster
el pájaro	bird
el pato	duck
el perro / la perra	dog
el pez	fish
la rana	frog
el ratón	mouse
la serpiente	snake
la tortuga	turtle

PARTES DEL CUERPO (Parts of the Body)   p. 38,

la boca	mouth
el brazo	arm
la cabeza	head
la ceja	eyebrow
el cuello	neck
el cuerpo	body
la espalda	back
el estómago	stomach
el hombro	shoulder
la mano	hand
la nariz	nose
el ojo	eye
la oreja	ear
el pelo	hair
el pie	foot
la pierna	leg
la rodilla	knee

ADJETIVOS (ADJECTIVES) - Used with "Estoy"   p.

asustado(a)	scared
bien	well
cansado(a)	tired
contento(a), feliz	happy
emocionado(a)	excited
enfermo(a)	sick
enojado(a)	angry
mal	bad, poorly
nervioso(a)	nervous
triste	sad

Glosario

LA COMIDA (Foods) — p. 50-56

el agua	water
el arroz	rice
el azúcar	sugar
la carne	meat
los cereales	cereal
el chocolate	chocolate
la ensalada	salad
la fruta	fruit
la hamburguesa	hamburger
el helado	ice cream
el huevo	egg
el jamón	ham
el jugo (de naranja/manzana)	(orange/apple) juice
la leche	milk
la mantequilla	butter
el pan (tostado)	(toasted) bread
los panqueques	pancakes
la pasta	pasta
el pastel/la tarta	cake
el pescado	fish
la pizza	pizza
el pollo	chicken
el queso	cheese
el sándwich	sandwich
la sopa	soup

LAS FRUTAS (Fruits) — p. 57

la fresa	strawberry
el melón	melon
la manzana	apple
la naranja	orange
la pera	pear
la piña	pineapple
el plátano	banana
la sandía	watermelon
la uva	grape

LOS VEGETALES (Vegetables) — p. 57

el ajo	garlic
el brócoli	broccoli
la cebolla	onion
los chícharos	peas
los frijoles	beans
la habichuela	green bean
el hongo/el champiñón	mushroom
la lechuga	lettuce
el maíz	corn
la papa/la patata	potato
el tomate	tomato
la zanahoria	carrot

LA MESA (The Table) — p. 60

la cuchara	spoon
el cuchillo	knife
la pimienta	pepper
el plato	plate
la sal	salt
la servilleta	napkin
el tenedor	fork
el vaso	glass

EL TIEMPO (Weather) — p. 66

Hace frío.	It's cold.
Hace calor.	It's hot.
Hace sol.	It's sunny.
Hace viento.	It's windy.
Está nevando. / Nieva.	It's snowing. It snows.
Está lloviendo. / Llueve.	It's raining. It rains.
Está nublado.	It's cloudy.
Hace buen/mal tiempo.	It's nice/bad weather.
la nube	cloud
la tormenta	storm
el tornado	tornado

LA ROPA (Clothing) — p. 69

el abrigo	coat
el traje de baño	bathing suit
las botas	boots
los calcetines	socks
la camiseta	t-shirt
la camisa	shirt
la chaqueta	jacket
el cinturón	belt
la falda	skirt
los guantes	gloves
el impermeable	raincoat
los lentes/las gafas de sol	sunglasses
los pantalones	pants
los pantalones cortos	shorts
las sandalias	sandals
el sombrero/la gorra	hat/cap
el vestido	dress
los zapatos	shoes

LAS ESTACIONES (Seasons) — p. 72

la primavera	spring
el verano	summer
el otoño	fall
el invierno	winter

MESES DEL AÑO (Months of the Year) — p. 73

enero	January
febrero	February
marzo	March
abril	April
mayo	May
junio	June
julio	July
agosto	August
septiembre	September
octubre	October
noviembre	November
diciembre	December

LOS DÍAS DE LA SEMANA (Days of the Week) — p. 73

lunes	Monday
martes	Tuesday
miércoles	Wednesday
jueves	Thursday
viernes	Friday
sábado	Saturday
domingo	Sunday

ESPAÑOL ¡EN VIVO!
INSTRUCTIONAL SPANISH WORKBOOK FOR GRADES 4-8
LEVEL ONE

www.EnVivoPublications.com
360-383-7002

Made in the USA
Monee, IL
16 June 2024

59456540R00050